# CHAMBRE DE COMMERCE

## D'AMIENS

## EXAMEN DE LA LOI

### de 1844

## SUR LES BREVETS D'INVENTION

---

## MODIFICATIONS A Y APPORTER

---

Rapport de M. Eugène **GALLET**

*Séances des 23 Janvier, 6 et 20 Février 1889.*

---

AMIENS

IMPRIMERIE TYPOGRAPHIQUE ET LITHOGRAPHIQUE T. JEUNET

45, Rue des Capucins, 45.

—

1889

# CHAMBRE DE COMMERCE

## D'AMIENS

# EXAMEN DE LA LOI

## de 1844

# SUR LES BREVETS D'INVENTION

## MODIFICATIONS A Y APPORTER

Rapport de M. Eugène GALLET

*Séances des 23 Janvier, 6 et 20 Février 1889.*

AMIENS

IMPRIMERIE TYPOGRAPHIQUE ET LITHOGRAPHIQUE T. JEUNET

45, Rue des Capucins, 45.

—

1889

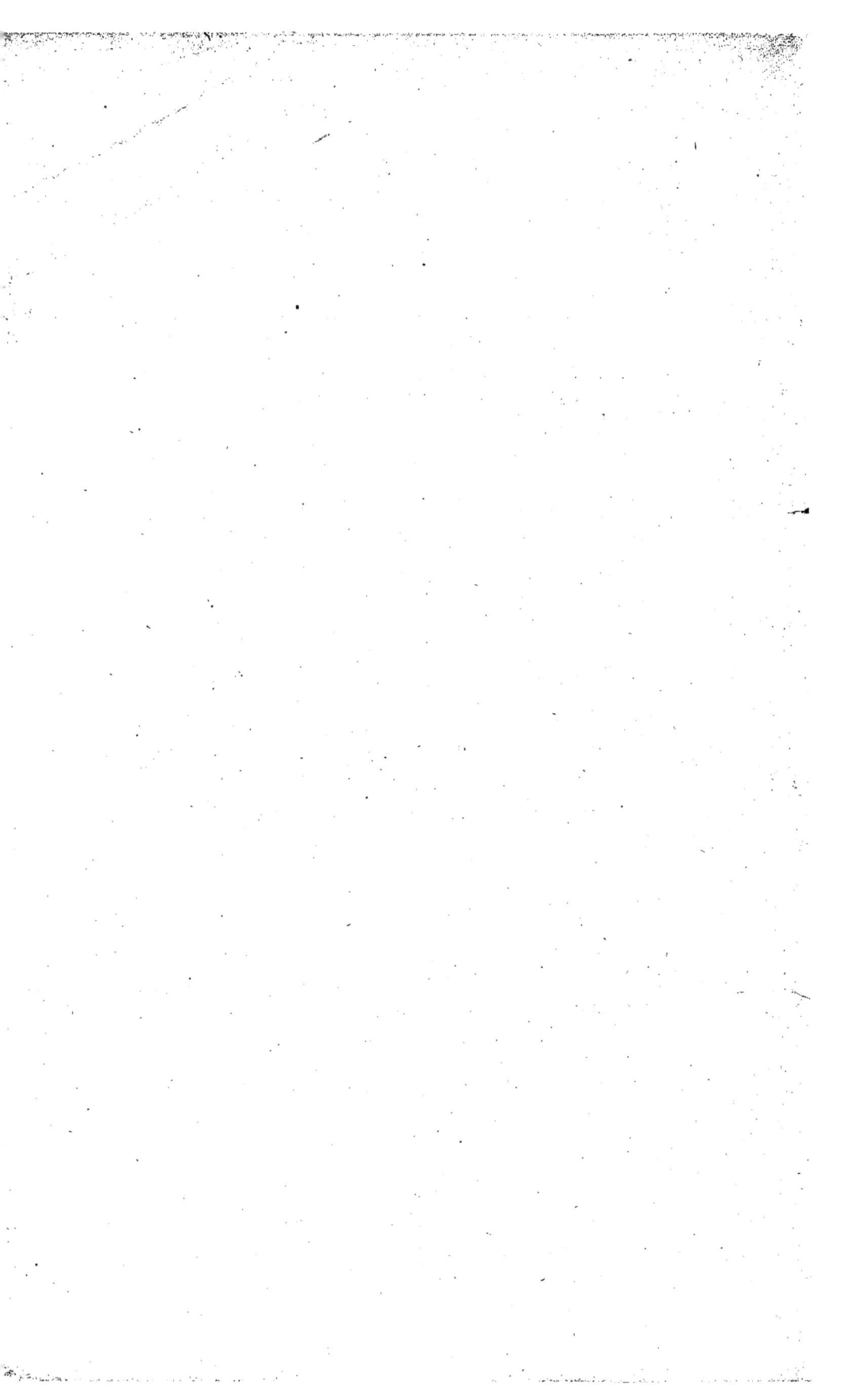

# EXAMEN DE LA LOI DE 1844

## SUR LES BREVETS D'INVENTION

## MODIFICATIONS A Y APPORTER

## EXTRAIT

*des Séances des 23 Janvier, 6 et 20 Février* 1889.

Présidence de M. Charles LABBÉ.

M Eugène Gallet donne lecture du rapport suivant :

Messieurs,

Monsieur le Ministre du Commerce et de l'Industrie, a soumis à l'examen de toutes les Chambres de Commerce, la question des modifications qu'il conviendrait d'apporter à la loi du 5 juillet 1844 sur les brevets d'invention, et leur a adressé en vue de l'étude qu'elles auraient à faire, un exemplaire d'un projet de revision de cette loi dressé par le syndicat des Inventeurs de France constitué à Paris. ainsi que le texte de la loi belge sur les brevets. (1)

Vous m'avez confié l'étude de cette question et des documents qui s'y rattachent.

---

(1) La loi du 5 juillet 1844 et le projet de loi proposé par le Syndicat des Inventeurs de France sont reproduits à la fin de ce rapport. (Voir page 43).

Je vais avoir l'honneur de soumettre à votre appréciation, le résultat du travail auquel je me suis livré.

Afin de rendre aussi claires que possible les considérations que je développerai devant vous, j'ai pris pour base de ce rapport le texte de la loi de 1844, que vous connaissez, en vous signalant les différences qui existent entre cette loi et le projet rédigé par le syndicat des Inventeurs de France et j'attirerai votre attention sur les modifications qu'il me paraîtrait utile d'apporter à notre législation.

ARTICLE PREMIER (Loi de 1844). — « Toute nouvelle découverte ou invention, dans tous les genres d'industrie, confère « à son auteur sous les conditions et pour le temps ci-après « déterminés, le droit exclusif d'exploiter à son profit ladite « découverte ou invention.

« Ce droit est constaté par des titres délivrés par le gouver- « nement, sous le nom de brevets d'invention. »

Le syndicat des Inventeurs de France propose la rédaction suivante :

*Article premier.* — « La création en matière industrielle « appartient à son auteur. Elle est protégée comme la créa- « tion en matière artistique, sauf les modifications indiquées « ci-après. »

La dénomination de création substituée à celle de découverte ou invention n'apporte aucune clarté nouvelle à cet article. Elle est beaucoup moins exacte, même sans donner au mot création le sens absolu qu'il comporte.

De plus la seconde partie de cet article assimile l'invention où découverte en matière industrielle à la création en matière artistique. Nous verrons plus loin que le projet de loi du syndicat des Inventeurs y attache les mêmes privilèges, mais je dois dès à présent vous dire que cette proposition ne me paraît nullement justifiée.

Je considère donc qu'il n'y a lieu d'apporter aucun changement ni aux termes ni à l'esprit de cet article.

ART. 2. (Loi de 1844). — « Seront considérées comme inven-
« tions ou découvertes nouvelles :

« L'invention de nouveaux produits industriels, ou l'appli-
« cation nouvelle de moyens connus pour l'obtention d'un
« résultat ou d'un produit industriel. »

Le syndicat des Inventeurs propose la rédaction suivante :

*Art. 2.* — « La création industrielle consiste à faire en
« industrie, ce qui ne s'y est pas fait.

« Elle est constatée authentiquement par un dépôt fait dans
« les formes ci-après indiquées, pour lequel le gouvernement
« donne un brevet de priorité. »

Les termes de cette rédaction ne me paraissent pas mieux
définir ce que c'est qu'une découverte ou qu'une invention
que ceux de la loi actuelle.

Le syndicat des Inventeurs dit, à l'appui de sa proposition,
que trois cent quarante-quatre arrêts de cours d'appel, qui se
contredisent fréquemment n'ont pu donner une idée nette de
ce qu'on entend par invention.

Le mot création, ajoute le syndicat, donne une idée plus
nette ; il implique simplement une question de priorité constatée par le dépôt.

Cette argumentation ne me paraît pas assez sérieuse pour
être prise en considération. Rien n'indique que les cours
d'appel se mettraient plus facilement d'accord sur le sens de
la rédaction nouvelle.

L'ancienne a tout au moins cet avantage d'être connue,
d'avoir fait l'objet de nombreuses analyses, d'avoir ainsi qu'en
témoigne le nombre considérable d'arrêts qui la vise, été
retournée sous toutes ses faces.

Il est permis d'affirmer que la nouvelle serait l'objet d'arrêts
non moins contradictoires et il ne serait du reste possible d'ap-
précier les discordances apparentes des arrêts rendus jusqu'à
présent, qu'en examinant tout à fait à fond les affaires qui les
ont provoqués.

Les termes de ce second article me paraissent donc également devoir être conservés.

Art. 3 (Loi de 1844). — « Ne sont pas susceptibles d'être « brevetés : 1° Les compositions pharmaceutiques ou remè- « des de toute espèce, lesdits objets demeurant soumis aux « lois et règlements spéciaux sur la matière et notamment au « décret du 18 août 1810, relatifs aux remèdes secrets ; « 2° Les plans ou combinaisons de crédit ou de finances. »

Le syndicat des Inventeurs de France supprime tout simplement cet article trouvant « qu'il n'y a aucune raison pour « exclure les compositions pharmaceutiques ou remèdes ; « que si l'on créait un remède intéressant sérieusement l'hu- « manité, il serait facile de lui appliquer la loi de l'expropria- « tion ; et que les plans et combinaisons de crédit n'ayant « rien à faire avec l'industrie, il est inutile de les mentionner ». Les auteurs du projet semblent ignorer que les sociétés les plus utiles et les plus puissantes telles que les Societés de Chemins de fer, de Navigation, du canal de Suez, du Crédit foncier, etc., etc., ne doivent leur existence qu'à des plans de crédit et à des combinaisons financières soigneusement étudiés et savamment conçus.

En ce qui concerne l'exclusion des compositions pharmaceutiques ou remèdes du nombre des produits brevetables, les motifs qui l'ont provoquée en 1810, et qui l'ont fait maintenir dans la loi de 1844, subsistent toujours.

Cette exclusion avait été motivée par le besoin urgent d'entraver les progrès du charlatanisme, qui déjà à cet époque prenait des proportions inquiétantes. Les soi-disant guérisseurs, débitaient alors sous le couvert du brevet qui leur était accordé, les drogues et les compositions les plus hétéroclites.

Si la législation actuelle était modifiée dans le sens indiqué par le syndicat des Inventeurs de France, nous verrions sans doute les mêmes abus reparaître, mais dans des proportions en rapport avec l'extension prise depuis cette époque par la publicité et l'on serait bientôt forcé de recourir pour en arrêter la marche à de nouvelles mesures.

Il y a donc lieu, Messieurs, de demander le maintien dans la loi des exclusions qui visent ces deux points et par conséquent de conserver dans son entier l'article 3 de la loi actuelle.

ART. 4. (Loi de 1844). — « La durée des brevets sera de « cinq, dix ou quinze années.

« Chaque brevet donnera lieu au payement d'une taxe, qui « est fixée ainsi qu'il suit, savoir :

« Cinq cents francs pour un brevet de cinq ans ;

« Mille francs pour un brevet de dix ans ;

« Quinze cents francs pour un brevet de quinze ans.

« Cette taxe sera payée par annuités de cent francs sous « peine de déchéance si le breveté laisse écouler un terme « sans l'acquitter. »

En ce qui concerne la durée des brevets notre Chambre s'est déjà prononcée d'une façon formelle sur cette question.

En effet, saisie en juillet 1884 par M. le Ministre du Commerce d'un projet de loi tendant à porter à vingt ans la durée des brevets d'invention, vous avez émis un avis favorable à ce projet.

Je vous proposerai Messieurs, aucun fait de nature à modifier votre manière de voir à ce sujet ne s'étant produit, de persister dans cette délibération.

Mais j'attirerai tout particulièrement votre attention sur les autres dispositions de cet article. Elles ont soulevé depuis longtemps déjà de nombreuses réclamations portant :

1° Sur le chiffre de la taxe, que les réclamants considèrent comme trop élevé ;

2° Sur le rigorisme avec lequel la clause relative à la déchéance est impitoyablement appliquée, quand l'annuité n'est pas exactement payée dans les délais prescrits.

En ce qui concerne l'abaissement de la taxe, ses partisans disent: que l'esprit inventif qui caractérise notre époque a accru

dans de larges proportions, le nombre des productions industrielles susceptibles d'être brevetées ;

Que, grâce à la facilité et à la rapidité des transports, la fabrication des objets d'une valeur intrinsèque peu élevée, a
pu prendre une extension relativement considérable ; que
beaucoup d'entre eux ne sont que des objets de fantaisie, ou
même de véritables jouets, que la plupart de ces derniers objets
sont inventés par des ouvriers peu fortunés, et que le chiffre
de la taxe annuelle (soit 100 fr.) est trop élevé, pour leurs
faibles ressources, alors surtout que le succès de leur invention n'est pas encore assuré, que la vente ne prend d'importance réelle qu'après que l'objet offert au public a pu être
apprécié par lui, que dès lors l'inventeur ne réalise de bénéfices appréciables qu'après un certain temps, qu'il convient
donc d'abaisser dans de larges proportions le chiffre de la taxe.

Le syndicat des Inventeurs dans l'article 3 de son projet
correspondant à l'article 4 de la loi actuelle propose de la fixer
à 25 fr. par an.

Le syndicat fait également remarquer dans les réflexions
qui accompagnent son projet que « les inventions rapportent
généralement peu au début, ...... que les taxes trop lourdes
« sont la vraie cause de l'abandon de beaucoup de brevets
« qu'il eut été intéressant d'exploiter. »

Toutes ces considérations sont fondées. Elles ne datent pas
d'hier, elles avaient déjà été exprimées il y a plus de trente
ans, en 1854, lors de la discussion de la loi belge, dont les
dispositions en établissant une taxe d'une importance très
faible pour la première annuité et toujours également progressive, pendant la durée de vingt ans assignée en Belgique
aux brevets, sont de nature à donner satisfaction aux intéressés.

« Il sera payé, dit la loi belge (Loi du 24 mai 1854) pour
« chaque brevet une taxe annuelle et progressive ainsi qu'il
« suit :

1<sup>re</sup> année. 10 fr.
2<sup>e</sup> — 20
3<sup>e</sup> — 30

« et ainsi de suite jusqu'à la vingtième année, pour laquelle
« la taxe sera de 200 fr.

« La taxe sera payée par anticipation, et, dans aucun cas,
« ne sera remboursable.

« Il ne sera point exigé de taxe pour les brevets de perfec-
« tionnement lorsqu'ils auront été délivrés au titulaire du
« brevet principal. »

L'ensemble de ces vingt annuités s'élève à la somme totale
de 2,100 fr.

Ainsi que vous le voyez, Messieurs, les charges imposées chez
nos voisins au titulaire d'un brevet, sont dans les premières
années infiniment moins élevées que chez nous.

Mais ce n'est pas seulement en Belgique que le principe
des taxes croissantes a été adopté, il est appliqué chez presque
toutes les nations industrielles de l'Europe, Allemagne, Angleterre, Espagne, Italie, Grand-Duché de Luxembourg, Nor-
wège, Russie, Suisse, Suède.

Vous trouverez ci-après les conditions de taxe imposées aux brevetés des nations dont la production industrielle a
quelque importance.

Je ferai remarquer que le chiffre total des annuités, chez
toutes ces nations (sauf en Suisse où il est moins élevé que
chez nous, et en Italie où il est le même,) impose au breveté
une charge beaucoup plus lourde qu'en France ; mais il faut
tenir compte que la protection accordée au breveté dans ces
différents états, diffère d'une façon très-sensible, notamment
en ce qui touche l'Allemagne et l'Angleterre où le brevet n'est
délivré qu'à la suite d'un examen approfondi de l'invention
et où l'objet breveté est entouré par l'État d'une sorte de garantie légale, qui, ainsi que l'indique la mention qui doit en

France toujours suivre le mot breveté *sans garantie du gouvernement*, n'existe pas dans notre législation.

### ALLEMAGNE.

*Brevet unique de 15 ans.*

Art. 8. — Taxe de la première année, 50 marcs ou 62 fr. 25. La taxe s'augmente chaque année de 50 marcs, ce qui, pour l'ensemble des quinze années, donne la somme de 7,470 fr., à laquelle il faut encore ajouter pour la concession du brevet une somme de 30 marcs ou 37 fr. 50.

### ANGLETERRE.

*Durée du brevet 14 ans.*

Art. 17. — Les taxes à acquitter sont les suivantes, non compris les frais accessoires.

Avant l'expiration de la 4ᵉ année à compter de la date de la patente, 50 livres sterling (1,250 fr.).

Avant la fin de la 8ᵉ année (pour les patentes délivrées en vertu de la loi de 1883) 100 livres sterling (2,500 fr.).

Les taxes peuvent aussi être payées par annuités, ainsi qu'il suit :

| | | £ | fr. |
|---|---|---|---|
| Avant l'expiration de la 4ᵉ année | | 10 ou | 250 fr. |
| — | 5ᵉ | 10 | 250 |
| — | 6ᵉ | 10 | 250 |
| — | 7ᵉ | 10 | 250 |
| — | 8ᵉ | 15 | 375 |
| — | 9ᵉ | 15 | 375 |
| — | 10ᵉ | 20 | 500 |
| — | 11ᵉ | 20 | 500 |
| — | 12ᵉ | 20 | 500 |
| — | 13ᵉ | 20 | 500 |
| | | | 3,750 fr. |

## ITALIE.

*La durée du brevet est de 15 ans.*

ART. 15. — Les brevets sont assujettis à une taxe proportionnelle et à une taxe annuelle.

La taxe proportionnelle consiste dans une somme d'autant
de fois dix francs que le brevet a d'années à courir, soit pour
15 ans. . . . . . . . . . . . . . . . . 150 fr.

La taxe annuelle est pour les 3 premières
années, de 40 fr. par an, soit . . . . . . . 120

Pour les 3 années suivantes, de 65 fr. par an,
soit. . . . . . . . . . . . . . . . . 195

Pour les septième, huitième et neuvième années,
de 90 fr. par an, soit . . . . . . . . . . 270

. Pour la dixième, onzième et douzième année
de 115 fr. par an, soit. . . . . . . . . . 345

Pour les trois dernières années, de 140 fr. par
an. . . . . . . . . . . . . . . . . .
soit . . . . . . . . . . . . . . . . 420

Ensemble des taxes . . . . . . . . 1,500 fr

## RUSSIE.

*Les brevets sont de 3, 5 ou 10 ans.*

La taxe pour un brevet de 3 ans est de 90 rou-
bles argent, ou . . . . . . . . . . . . 360 fr.

La taxe pour un brevet de 5 ans est de 150 rou-
bles argent, ou . . . . . . . . . . . . 600

La taxe pour un brevet de 10 ans est de 450 rou-
bles argent, ou . . . . . . . . . . . . 1,800

## SUISSE.

*Durée des brevets, 15 ans.*

ART. 6. — Joindre à la demande une somme de 20 fr. représentant la taxe de dépôt et la première annuité soit.    20 fr.

Deuxième annuité . . . . . . . . . .   30

Troisième annuité . . . . . . . . . .   40

et ainsi de suite, jusqu'à la quinzième année pour laquelle la taxe sera de 160 fr., soit pour l'ensemble des 15 années une somme totale de 1,350 fr.

Je crois inutile d'étendre plus loin ces citations.

Le principe des taxes croissantes, Messieurs, me paraît d'une logique indiscutable, et, puisque la législation en matière de brevets est sur le point d'être remaniée, je vous proposerai d'en demander l'introduction dans la loi.

Mais je pense qu'il conviendrait de fixer la taxe initiale à un taux plus élevé qu'en Belgique, en raison du chiffre plus élevé de la population de la France, et par conséquent de l'importance beaucoup plus grande des débouchés que le breveté peut trouver de ses produits.

Je vous proposerai donc de fixer la taxe de la première année à 25 fr. avec accroissement d'une somme égale pendant les 4 premières années et, dès que l'annuité aurait atteint le chiffre de 100 fr., de laisser la taxe fixée à ce taux jusqu'à l'expiration du brevet.

L'abaissement considérable de la taxe pendant les premières années est largement suffisant pour donner satisfaction aux plaintes qui se sont produites.

Si une invention quelconque ne donnait pas à son auteur des bénéfices suffisants pour lui permettre d'acquitter au début de son exploitation des taxes aussi réduites, l'invention pourrait être considérée comme n'étant pas viable.

La division des brevets en trois catégories de 5, 10 et 15 ans inscrite dans la loi de 1844, n'a aucune raison d'être. En effet, cette division ne se rattache à aucune autre disposition, ni à aucune obligation de déclaration préalable. Le titulaire d'un brevet de 15 ans peut en limiter la durée à 10 ou 5 ans si bon lui semble. Il suffit pour cela qu'il cesse d'acquitter la taxe.

Il n'y a donc aucune raison sérieuse de faire figurer cette division dans la loi.

La déchéance résultant du non paiement dans les délais voulus de la taxe annuelle est prévue par le dernier alinéa de l'article 4 de la loi de 1844, elle est en outre formellement exprimée au premier paragraphe de l'article 32 que nous verrons plus loin.

Il paraît illogique d'en faire mention dans la dernière partie de l'article 4. Je vous proposerai donc de retrancher la phrase qui s'y rapporte.

Si vous adoptez les différentes modifications que je viens de vous proposer, l'article 4 serait conçu dans ce sens.

Art. 4. — *La durée des brevets est fixée à vingt ans,*

*Chaque brevet donnera lieu au payement d'une taxe annuelle fixée comme suit :*

   *25 fr. pour la première année.*
   *50 fr. pour la deuxième*   »
   *75 fr. pour la troisième*   »
  *et 100 fr. pour chacune des autres années.*

Mais je pense qu'il serait utile de donner au breveté le droit:

1° de se libérer par anticipation et à toute époque de la durée de son brevet, de la totalité des taxes restant à échoir;

2° D'effectuer ces versements par lettre chargée, à partir de la seconde année.

Je vous proposerai donc de demander que le dernier alinéa de cet article en fît mention, il serait alors conçu ainsi qu'il suit :

« *La taxe sera payée par annuités avant le commencement*
« *de chacune des années de la durée du brevet.*

« *Les brevetés pourront se libérer par anticipation de la*
« *totalité des taxes restant à échoir.*

« *Sauf en ce qui touche la première annuité, le payement*
« *des taxes pourrra être fait par lettre chargée en y ajoutant*

« *une somme de …….… représentant les frais de timbre et*
« *d'accusé de réception.* »

Le syndicat des Inventeurs de France, dans le second
alinéa de l'article 3 de son projet, donne au brevet une durée
réglée comme celle de la propriété artistique.

Or, cette propriété est garantie non-seulement pendant toute
la vie de l'auteur, mais pendant celle de sa femme et trente
ans après au profit des héritiers. Ce qui équivaut à peu près
pour la génération qui a vu naître le brevet à une propriété à
perpétuité.

Cette disposition me paraît absolument inacceptable.

Comme correctif à ce qu'elle aurait d'exorbitant dans la
pratique, le syndicat des Inventeurs propose d'ajouter à la
loi l'article suivant qui, dans son projet, porte le n° 4.

*Art. 4.* — « Cette propriété est soumise après une durée de
« quinze ans à l'expropriation pour cause d'utilité publique
« reconnue par une loi. L'État, les Chambres de Commerce,
« les syndicats industriels peuvent provoquer cette loi, en
« faisant offre réelle des frais d'expropriation. »

L'adoption par vous d'une durée limitée pour les brevets
rend l'introduction de cet article dans la loi tout à fait inutile.

Les difficultés de tout genre que la disposition relative à
l'expropriation des brevets rencontrerait dans la pratique, en
rendrait du reste l'application à peu près impossible.

## TITRE II.

### SECTION PREMIÈRE.

#### *Des demandes de brevets.*

ART. 5 (Loi de 1844). — « Quiconque voudra prendre un
« brevet d'invention devra déposer, sous cachet, au secréta-

« riat de la préfecture, dans le département où il est domi-
« cilié, ou dans tout autre département, en y élisant domicile.

« 1° Sa demande au Ministre du Commerce ;

« 2° Une description de la découverte, invention ou appli-
« cation, faisant l'objet du brevet demandé ;

« 3° Les dessins ou échantillons qui seraient nécessaires
« pour l'intelligence de la description ;

« Et 4° Un bordereau des pièces déposées. »

L'article 5 proposé par le syndicat des Inventeurs correspondant à celui-ci est ainsi conçu :

*Art.* 5. — « Pour effectuer un dépôt de brevet de priorité,
« il faudra adresser par lettre spécialement chargée, au Minis-
« tre du Commerce.

« 1° Une demande de brevet ;

« 2° La description de l'objet du brevet ;

« 3° Les dessins pour compléter la description s'il y a lieu.
« La description et les dessins devront être déposés en triple
« exemplaire ;

« 4° Un bordereau des pièces.

« Il faut simplifier, dit le syndicat des Inventeurs, les formalités de dépôt et ne pas obliger à faire un voyage à la préfecture qnand il y a partout un bureau de poste très suffisant
pour ce service. »

La possibilité de remettre au bureau de poste le plus voisin
les demandes de brevets, éviterait en effet un voyage à l'inventeur ; mais l'application de cette mesure est-elle toujours
possible. La description, les dessins et les échantillons qui
devront être joints à la demande du brevet, seront-ils toujours
dans des conditions de format, de poids ou même, s'il s'agit
d'échantillons, de nature à être acceptés et transportés par la
poste. Dans la négative, alors que le dépôt ne pourra plus être
effectué à la préfecture, les compagnies de transport auront-
elles qualité pour recevoir ces documents, qui, d'après le

texte proposé, doivent accompagner la demande et qui s'en trouveraient forcément séparés.

Ne vaut-il pas mieux conserver l'état de choses actuel.

Il ne faut pas oublier que déposer une demande de brevet n'est pas une acte de la vie industrielle qui se reproduit fréquemment, c'est une formalité tout à fait exceptionnelle, auquel l'intéressé attache toujours une grande importance.

Le petit voyage que l'inventeur doit faire pour se transporter au chef-lieu de son département, ne présente nulle part des difficultés assez grandes, pour avoir dans la pratique de sérieux inconvénients.

Je considère donc comme préférable de conserver les dispositions de l'article 5 dans leur intégrité.

ART 6. (Loi de 1844). — « La demande sera limitée à un « seul objet principal, avec les objets de détail qui le constituent et les applications qui auront été indiquées.

« Elle mentionnera la durée que les demandeurs entendent « assigner à leur brevet dans les limites fixées par l'article 4 « et ne contiendra ni restrictions, ni conditions, ni réserves.

« Elle indiquera un titre renfermant la désignation sommaire et précise de l'objet de l'invention.

« La description ne pourra être écrite en langue étrangère. « Elle devra être sans altération, ni surcharge.

« Les mots rayés comme nuls, seront comptés et constatés, « les pages et les renvois paragraphés. Elle ne devra contenir « aucune dénomination de poids ou de mesures autres que « celles qui sont portées au tableau annexé à la loi du 4 juillet « 1837.

« Les dessins seront tracés à l'encre et d'après une échelle « métrique.

« Un duplicata de la description et des dessins sera joint « à la demande.

« Toutes les pièces seront signées par le demandeur ou par

« un mandataire, dont le pouvoir restera annexé à la de-
« mande. »

Le syndicat des Inventeurs propose la rédaction suivante :

*Art. 6.* — « La demande ne devra comprendre rigoureu-
« sement qu'un objet avec indication du titre.

« La description sera écrite en francais. Les dessins seront
« faits à l'encre noire, par tous procédés.

« Toutes les pièces seront signées par le demandeur ou par
« le mandataire, dont le pouvoir restera annexé à la de-
« mande. »

La rédaction de l'article 6 de la loi de 1844 est beaucoup
plus complète, plus détaillée et plus explicite que celle proposée par le syndicat des Inventeurs, il n'y a donc pas lieu de
modifier cet article :

ART. 7. (Loi de 1844). — « Aucun dépôt ne sera reçu que
« sur la production d'un récépissé constatant le versement
« d'un somme de 100 fr. à valoir sur le montant de la taxe du
« brevet.

« Un procès-verbal, dressé sans frais par le secrétaire-gé-
« néral de la préfecture sur un registre à ce destiné et signé
« par le demandeur, constatera chaque dépôt en énonçant le
« jour et l'heure de la remise des pièces.

« Une expédition dudit procès-verbal sera remise au dépo-
« sant, moyennant le remboursement des frais de timbre. »

L'article 7 du projet du syndicat des Inventeurs contient
des dispositions identiques mises en harmonie avec le taux de
la taxe qu'il propose et le dépôt de la demande à la poste.

Son dernier alinéa portant que le brevet courra du jour du
dépôt correspond à l'article 8 de la loi de 1844, ainsi conçu :

ART. 8. (Loi de 1844). — « La durée du brevet courra du
« jour du dépôt prescrit par l'article 5. »

Il n'y a pas lieu de modifier les termes des articles 7 et 8,
sauf en ce qui concerne le chiffre de la taxe visé dans le
premier alinéa de l'article 7.

2

## Section II.

### *De la délivrance des brevets.*

Art. 9. (Loi de 1844). — « Aussitôt après l'enregistrement
« des demandes, et dans les cinq jours de la date du dépôt, les
« préfets transmettront les pièces sous le cachet de l'inven-
« teur, au Ministre de l'Agriculture et du Commerce, en y
« joignant une copie certifiée du procès-verbal du dépôt, le
« récépissé constatant le versement de la taxe et, s'il y a lieu,
« le pouvoir mentionné dans l'article 6. »

Le syndicat des Inventeurs de France introduit dans le
second et le troisième alinéa de son article 8 qui correspond à
cet article une disposition entièrement nouvelle, sur laquelle
j'attire tout particulièrement votre attention, et que je considère comme inacceptable. Le premier alinéa a trait à la demande de brevet, nous n'avons pas à nous en occuper ici.

Dans les alinéas suivants, il est dit : « que le brevet restera
secret pendant six mois et que le public ne connaîtra pendant
ce temps que le nom du déposant et le titre du brevet Au bout
de ce temps, le breveté pourra corriger la rédaction de son
brevet, mais sans en changer ni le titre, ni l'objet. »

« Il pourra annuler, pendant ces six mois, sa demande et en
pareil cas, les pièces lui seront rendues cachetées, ainsi que
la taxe, moins cinq francs. »

Les dispositions qui précédent permettraient d'adresser une
demande de brevet pour une invention encore à l'état em-
bryonnaire, sans que la personne dans le cerveau duquel elle
aurait germé, ait même besoin de chercher les moyens de la
réaliser avant de remplir les formalités nécessaires pour la
faire breveter ; puis si, après s'être livré à une étude sérieuse,
l'inventeur s'aperçoit que son idée est absolument chimé-
rique, il pourra retirer sa demande, sans autre dépense que la
somme de cinq francs qui lui sera retenue lors du remboursement ci-dessus prévu.

La question que soulève l'introduction dans la loi de cette nouvelle disposition peut se poser, sous une forme en apparence paradoxale, de la façon suivante:

Une invention qui n'existe pas encore est-elle brevetable?

Le syndicat des inventeurs y répond affirmativement en insérant dans son article 8 le paragraphe en question.

Je ne vous proposerai pas, Messieurs, d'adopter ce principe. Je considère que les facilités données au titulaire d'un brevet pour l'obtention des certificats d'addition dont nous nous occuperons plus loin, (section III, articles 16 et suivants), sont suffisantes pour donner satisfaction aux inventeurs sérieux. Nous n'aurons qu'à examiner s'il convient de donner à ces facilités plus d'extension.

Je vous proposerai donc de ne pas accepter l'introduction dans la loi de ces dispositions et de demandes le maintien des dispositions de l'article 9 actuel.

L'article 9 du projet de loi du syndicat porte que chaque semaine le ministre publiera les noms des déposants et les titres des brevets.

Nous n'avons pas à nous arrêter à cet article en ce moment, il correspond à l'article 14 de la loi de 1844 que nous rencontrerons plus loin

Les articles 10 et 11 ont trait aux formalités qui seront remplies au Ministère du Commerce à la réception des demandes et à la délivrance des brevets.

Ces articles doivent être maintenus. Le projet du Syndicat des Inventeurs ne contient aucun article qui y corresponde exactement.

Les articles 12 et 13 fixent les conditions relatives au rejet des demande, ces articles doivent être également conservés.

L'article 10 du projet du Syndicat des Inventeurs correspond en partie à ceux qui précèdent, mais ses dispositions n'étant que le complément de celles contenues dans l'article 8 que je vous ai demandé de rejeter, il n'y a pas lieu de nous y arrêter.

ART 14. (Loi de 1844). — « Une ordonnance royale insérée « au *Bulletin des Lois* proclamera tous les trois mois les bre- « vets délivrés. »

Ainsi que je l'ai dit plus haut, l'article 9 du projet du Syndicat des Inventeurs portant que chaque semaine le ministre publiera les noms des déposants et les titres des brevets correspond à cet article 14.

L'espace de trois mois mis entre chaque publication de la liste des brevets délivrés me paraît d'une longueur exagérée et n'est plus en harmonie avec les besoins actuels. Je vous proposerai donc de demander que cette publication soit faite tous les mois au plus tard et qu'elle soit non seulement insérée au *Bulletin des Lois*, mais encore dans le journal affecté à la publication des actes officiels du Gouvernement en pareille matière, soit actuellement au *Moniteur officiel de la Propriété Industrielle*.

L'article 11 du projet du Syndicat des Inventeurs porte que « les brevets (après vérification et admission à l'expiration des six mois mentionnés à l'article 8) seront alors rendus publics et imprimés en entier. Les imprimés des brevets seront vendus au public par l'Imprimerie nationale séparément. »

Je considère qu'il n'y a pas lieu d'adopter cet article et d'imposer à l'Etat la charge, qui sera dans la plupart des cas tout à fait onéreuse, d'imprimer en entier séparément et de mettre en vente les brevets, alors surtout que l'article 15 de ce projet de loi porte que les imprimés des brevets faits aux frais de l'Etat seront envoyés aux Préfectures et communiqués au public.

Cette dernière disposition rendrait la vente des imprimés à peu près nulle, elle transformerait en outre l'Etat en véritable éditeur, obligé pour être prêt à répondre aux demandes tout à fait incertaines du public, d'avoir en magasin un nombre considérable de fascicules de chaque brevet.

L'impression du Recueil officiel des brevets dont chaque Préfecture, les Chambres de Commerce, les Chambres Consultatives et la plupart des Sociétés savantes reçoivent un exemplaire est déjà assez onéreuse sans imposer à l'Etat un nouveau supplément de charges, il n'y a donc pas lieu d'adopter cette disposition.

L'article 12 du projet du Syndicat des Inventeurs porte que « l'Etat reçoit en garde les brevets mais n'en garantit pas la valeur. » Cet article correspond au premier alinéa de l'article 11 de la loi de 1844 dont je vous ai proposé le maintien.

L'article 15 de la loi de 1844 dit « que la durée des brevets « ne pourra être prolongée que par une loi. »

Cet article doit être conservé, mais il y aurait lieu de demander qu'il fût complété par l'énumération des formalités à remplir pour obtenir la présentation aux Chambres de la loi nécessaire en pareil cas.

## Section III.

### *Des certificats d'addition.*

Art. 16. (Loi de 1844). « Le breveté ou les ayants-droit « au brevet auront, pendant toute la durée du brevet, le droit « d'apporter à l'invention des changements, perfectionne- « ments ou additions, en remplissant, pour le dépôt de la « demande, les formalités déterminées par les articles 5, 6 « et 7.

« Ces changements, perfectionnements ou additions seront « constatés par des certificats délivrés dans la même forme » « que le brevet principal, et qui produiront à partir des dates « respectives des demandes de leur expédition, les mêmes

« effets que ledit brevet principal, avec lequel ils prendront
« fin.

« Chaque demande de certificat d'addition donnera droit
« au payemeut d'une taxe de vingt francs.

« Les certificats d'addition pris par un des ayants-droit
« profitera à tous les autres. »

Je vous proposerai, Messieurs, de conserver les dispositions
de cet article.

Mais, en raison de l'adoption du principe et du chiffre de
l'accroissement de la taxe pendant les quatre premières
années, je vous demanderai d'abaisser dans une proportion
correspondante le coût des certificats d'addition. Dans la loi
de 1844 la taxe du certificat d'addition fixé à 20 fr. repré-
sente le cinquième de la taxe annuelle de 100 fr., je vous
demanderai d'adopter la même proportion.

Pendant la première année du brevet dont la taxe serait
abaissée à 25 fr., le coût du certificat d'admission serait de
5 fr pendant la seconde année dont la taxe s'élèvera à 50 fr.,
le coût du certificat d'addition serait porté à 10 fr., pendant la
troisième année dont la taxe serait de 75 fr., la taxe du certificat d'addition serait de 15 fr., et enfin pour les années ulté-
rieures dont la taxe serait portée à I00 fr., le certificat d'addition serait grevé de la taxe actuelle, soit 20 fr.

J'ajouterai que, dans la loi Belge, les brevets de perfectionnement, lorsqu'ils sont délivrés au titulaire du brevet principal ne sont grevés d'aucune taxe.

Art. 17. (Loi de 1844). « Tout breveté qui, pour un chan-
« gement, perfectionnement ou addition, voudra prendre un
« brevet principal de cinq, dix ou quinze années, au lieu d'un
« certificat d'addition expirant avec le brevet primitif, devra
« remplir les formalités prescrites par les articles 5, 6 et 7, et
« acquitter la taxe mentionnée dans l'article 4. »

Il n'y a d'autres changements à apporter à cet article, que
ceux nécessaires pour le mettre en concordance avec les modi-

fications que vous avez adoptées, et qui consistent à supprimer les catégories de brevets de 5, 10 et 15 ans, pour ne faire figurer que la durée de 20 ans, et ajouter que la taxe due pour ce nouveau brevet sera la même que celle fixée par l'article 4.

L'article 18 de la loi de 1844, auquel correspond l'article 13 du projet du syndicat des Inventeurs, se compose de deux parties bien distinctes, ayant une importance considérable et sur lesquelles j'attire tout particulièrement votre attention. Dans son premier alinéa, cet article porte que :

« Nul autre que le breveté ou ses ayants-droit, agissant
« comme il est dit ci-dessus, ne pourra, pendant une année,
« prendre valablement un brevet pour un changement, per-
« fectionnement ou addition à l'invention qui fait l'objet du
« brevet primitif. »

Je vous proposerai, Messieurs, de conserver dans son entier cet alinéa. Le premier alinéa de l'article 13 du projet du syndicat est conçu exactement dans le même esprit, en voici le texte :

*Art.* 13. — « Tout breveté pourra seul prendre, pendant un an, un ou plusieurs brevets de perfectionnement. »

Mais les alinéas suivants de la loi de 1844 contiennent des dispositions qui viennent détruire presque complètement les avantages assurés à l'inventeur au commencement de cet article :

« Néanmoins, dit la loi, toute personne qui voudra prendre
« un brevet pour changement, addition ou perfectionnement
« à une découverte déjà brevetée, pourra, dans le cours de
« ladite année, former une demande qui sera transmise et
« restera déposée sous cachet au ministère de l'Agriculture et
« du Commerce.

« L'année expirée, le cachet sera brisé et le brevet
« délivré.

« Toutefois, le breveté principal aura la préférence pour
« les changements, perfectionnements et additions pour les-

« quels il aurait lui-même, pendant l'année, demandé un cer-
« tificat d'addition ou un brevet. »

Il est bien évident que c'est enlever au titulaire d'un brevet,
une grande partie des avantages que laloi lui confère que de
donner à d'autres dès le début de l'exploitation d'un produit
breveté, la possibilité de prendre des certificats d'addition ou
de perfectionnement.

Les imperfections d'une invention quelconque n'apparaîtront pas toujours immédiatement à l'inventeur, encore sous
l'impression de l'idée première qui a présidé à son invention.

L'inventeur est plus que tout autre porté à ne voir que les
avantages du procédé qu'il a trouvé, et il lui faudra quelque
temps pour se dégager de cette impression.

Les défauts d'une invention nouvelle apparaîtront au contraire à celui qui, l'examinant pour la première fois apportera
à cet examen un esprit de critique tout naturel, alors qu'ils
auront échappé au principal intéressé.

Le mérite de l'inventeur devra-t-il se trouver assez amoindri
pour qu'il soit exposé à perdre ainsi tous les avantages de son
invention première. N'est-il pas juste de laisser à celui qui a
eu à supporter tous les labeurs, toutes les peines, tous les frais
des premiers essais, et auquel revient en somme le mérite de
l'invention proprement dite, un délai suffisant pour apporter à
son œuvre les premiers perfectionnements qu'elle comporte.

Vous savez, Messieurs, que la plupart des procès en matière
de brevet d'invention n'ont d'autre cause que celle qui se dé-
gage des considérations qui précèdent, à savoir le mérite de
l'invention que s'attribuent ceux qui, s'inspirant de l'dée
d'un inventeur, font breveter la même invention souvent
très peu modifiée et parfois même sans aucun perfectionnement réel.

D'accord en cela avec le projet du Syndicat des Inventeurs
de France, je considérerais comme juste de ne donner qu'au
breveté seul à l'exclusion de toute autre personne, le droit de

prendre, pendant la première année, un ou des certificats d'addition à l'invention qui fait l'objet du brevet primitif.

En conséquence, je vous proposerai de demander le maintien du premier alinéa de l'article 18 sans aucun changement et je considérerai comme logique de reporter à la deuxième année du brevet l'application des dispositions contenues dans lesalinéas suivants qui forment le complément de cet article.

Le second alinéa de l'article 13 du projet du Syndicat des Inventeurs dont j'ai reproduit le premier, porte que « les brevets de perfectionnement prendront date du brevet premier, mais en seront distincts et paieront la taxe de vingt-cinq francs par an. » Ces points sont repris dans l'article 16 de la loi de 1844 que nous venons d'examiner. Nous n'avons donc plus à nous en occuper.

Le dernier article de la Section III de la loi de 1844 est ainsi conçu :

*Art.* 19.— « Quiconque aura pris un brevet pour une décou-
« verte, invention ou application, se rattachant à l'objet d'un
« autre brevet, n'aura aucun droit d'exploiter l'invention déjà
« brevetée, et réciproquement le titulaire du brevet primitif
« ne pourra exploiter l'invention, objet du nouveau brevet. »

Cet article doit être maintenu dans la loi. Aucune disposition correspondante ne figure dans le projet du Syndicat des Inventeurs, qui ne se compose, du reste, que de l'article 13 précité.

## Section IV.

### De la transmission et de la cession des Brevets.

L'article 20 de la loi de 1884 contient l'énumération des conditions dans lesquelles le titulaire d'un brevet pourra le céder soit en totalité, soit en partie.

Il impose, dans son second alinéa, l'obligation, en cas de

cession, d'acquitter la totalité de la taxe applicable aux années restant à courir.

Je ne vois pas quels sont les motifs qui peuvent amener à faire considérer comme exigible la totalité de la taxe en cas de cession, alors surtout que l'Etat n'est armé d'aucun droit de poursuites contre le titulaire d'un brevet au cas où il n'acquitte pas la taxe dans les délais prévus et que la déchéance est la seule pénalité qui lui soit appliquée. Je vous proposerai donc de demander la suppression de la partie du second alinéa de l'article 20 relative au paiement de la totalité de la taxe en cas de cession. Le cessionnaire serait ainsi tout simplement substitué au cédant dans ses droits et obligations.

L'article 14 du projet du Syndicat, correspondant à cet article 20, est beaucoup moins explicite et beaucoup moins complet.

Art. 21. (Loi de 1844). « Il sera tenu, au Ministère de l'Agri-« culture et du Commerce, un registre sur lequel seront ins-« crites les mutations intervenues sur chaque brevet; et, tous « les trois mois, une ordonnance royale proclamera, dans la « forme déterminée par l'article 14, les mutations enregistrées « pendant le trimestre expiré. »

Je vous ai proposé, à l'article 14, de demander que la publication des brevets soit faite au plus tard tous les mois ; il conviendrait que la publication des mutations fût soumise aux mêmes conditions de délai et de publicité. Sous la réserve de cette modification je considère que cet article ainsi que l'article 22 qui suit, mis en harmonie avec l'article 16 doivent être maintenus dans la loi. Le projet du Syndicat des Inventeurs ne contient aucune disposition correspondante.

Art. 22. (Loi de 1844). « Les cessionnaires d'un brevet et « ceux qui auront acquis d'un breveté ou de ses ayants-droit « la faculté d'exploiter la découverte ou l'invention, profite-« ront de plein droit des certificats d'addition qui seront ulté-« rieurement délivrés au breveté, ou à ses ayants-droit. Réci-

« proquement, le breveté ou les ayants-droit profiteront des
« certificats d'addition qui seront ultérieurement délivrés aux
« concessionnaires.

« Tous ceux qui auront droit de profiter des certificats
« d'addition pourront en lever une expédition au Ministère
« de l'Agriculture et du Commerce, moyennant un droit de
« vingt francs. »

Je vous ai proposé, Messieurs, à l'article 16, de demander
que le taux du brevet d'addition fût fixé au cinquième du taux
du brevet ; comme conséquence, je vous demanderai d'étendre
le même principe au droit qui sera réclamé pour chaque expédition des certificats d'addition.

## Section V.

*De la communication et de la publication des descriptions et
des dessins des brevets.*

Les articles 23, 24, 25, 26 renferment des dispositions très
explicites relatives aux matières comprises dans le titre de
cette section.

Je considère que ces articles doivent être conservés sans
aucun changement. Le projet du Syndicat des Inventeurs résume
dans un seul article, le 15°, ces mêmes dispositions mises en
harmonie avec l'ensemble du projet, mais sans que la rédaction de cet article, trop écourtée du reste, apporte aucune
amélioration à la loi.

## TITRE III.

### DES DROITS DES ÉTRANGERS.

Les articles 27 et 28 (loi de 1844) portent que « les étran-
« gers pourront obtenir en France des brevets d'invention

« et que les formalités et conditions déterminées par la pré-
« sente loi leur seront applicables. »

L'article 29 (loi de 1884) dit que « l'auteur d'une invention
« ou découverte, déjà brevetée à l'étranger, pourra obtenir un
« brevet en France, mais que la durée de ce brevet ne pourra
« excéder celle des brevets pris antérieurement à l'étranger. »

Ces articles doivent être intégralement maintenus dans la
loi.

Le titre III relatif aux étrangers du projet du Syndicat des
Inventeurs ne se compose que d'un seul article, le 16e du
projet portant que « les étrangers peuvent prendre en France
des brevets aux mêmes conditions que les nationaux. »

Le Syndicat des inventeurs ne s'est pas aperçu, que si le
principe de la propriété à perpétuité du brevet était admis, on
se trouverait accorder aux étrangers, des conditions infiniment plus avantageuses, que celles dont ces derniers jouiraient
dans leur propre pays où la durée des brevets est limitée, que
par conséquent nos nationaux ne trouveraient pas à l'étranger
d'avantages équivalents, et que le principe si juste et si équi-
table de la réciprocité se trouverait détruit Cette disposition
n'est pas admissible.

Il y a douc lieu de demander le maintien des articles 27, 28
et 29 de la loi de 1844.

---

## TITRE IV.

### DES NULLITÉS ET DÉCHÉANCES, DES ACTIONS Y RELATIVES.

### SECTION PREMIÈRE.

*Des nullités et déchéances.*

Les articles 30 et 31 de la loi de 1844, font une énumération très-complète des cas dans lesquels les brevets délivrés
seront entachés de nullité.

L'article 17 du projet du Syndicat des inventeurs qui correspond à ceux-ci, est beaucoup trop bref et trop écourté.

Les articles 30 et 31 doivent donc être intégralement conservés.

L'article 32 énumère les conditions qui entraîneront la déchéance.

ART. 32. (Loi de 1844). — « Sera déchu de tous droits :

« 1° Le breveté qui n'aura pas acquitté son annuité, avant « le commencement de chacune des années de la durée de « son brevet ;

« 2° Le breveté qui n'aura pas mis en exploitation sa découverte ou invention en France, dans le délai de deux ans, à « dater du jour de la signature du brevet, ou qui aura cessé « de l'exploiter pendant deux années consécutives, à moins « que dans l'un ou l'autre cas, il ne justifie des causes de son « inaction.

« 3° Le breveté qui aura introduit en France des objets « fabriqués en pays étranger et semblables à ceux qui sont « garantis pour son brevet.

« Sont exemptés des dispositions du précédent paragraphe, « les modèles de machines dont le Ministre de l'Agriculture « et du Commerce pourra autoriser l'introduction dans le cas « prévu par l'article 29. »

Je vous ai signalé à l'article 4 (page 7), les plaintes que soulève le rigorisme, avec lequel la clause relative à la déchéance est appliquée quand l'annuité n'est pas exactement payée dans les délais prescrits.

La loi belge et la plupart des législations étrangères sont moins absolues dans leurs prescriptions ; l'article 22, de la loi belge, porte en effet que « lorsque la taxe n'aura pas été payée dans le mois de l'échéance, le titulaire après avertissement préalable devra sous peine d'être déchu des droits que lui confère son titre, acquitter avant l'expiration des six mois qui suivront l'échéance, outre l'annuité exigible, une somme de dix francs. » La loi italienne accorde un délai de trois mois sans infliger de taxe supplémentaire au retardataire.

Les dispositions de la loi allemande sont encore beaucoup plus larges.

Le deuxième paragraphe de l'article 8, relatif aux taxes est ainsi conçu : « Le payement de la taxe de première et de seconde année pourra être ajournée jusqu'à la troisième année, en faveur de la personne brevetée, qui aura fourni la preuve de l'exiguité de ses moyens. Il pourra être accordé dans ces mêmes cas, remise entière des droits si le brevet expire dans le courant de la troisième année. »

L'article 9 de cette même loi dit, que « le brevet sera considéré comme expiré de plein droit, lorsque le concessionnaire y aura renoncé lui-même, ou lorsque les taxes n'auront pas été acquittées au plus tard trois mois après leur échéance. »

La loi anglaise porte que « un délai qui n'excédera pas trois mois pourra être accordé au breveté (patenté) qui ayant manqué par accident, erreur ou inadvertance d'effectuer un versement dans le délai fixé, demandera au contrôleur une prorogation de délai de payement. Le délai supplémentaire accordé pour effectuer un payement quelconque ne sera ans aucun cas supérieur à trois mois. »

Le Syndicat des inventeurs, s'est évidemment inspiré des dispositions de la loi belge pour la rédaction du premier paragraphe de son article 18, correspondant à l'article 32.

*Art.* 18. — « Sera déchu de ses droits :

« 1° Le breveté qui ne paiera pas sa taxe au commencement « de chaque année;

« Toutefois cette déchéance pourra être évitée en payant la « taxe, avec amende de dix francs dans les trois mois qui sui- « vront, ou dans les trois mois après avec une amende de « vingt francs. »

Il serait juste, en effet, de donner au breveté en retard pour le payement de sa taxe, le temps de s'apercevoir de sa négligence et les moyens de la réparer, en lui imposant à titre d'amende le paiement d'un supplément de taxe.

Mais je considère comme exagéré le délai de six mois que lui accorde le projet du Syndicat.

Je vous proposerai, Messieurs, de limiter ce délai à trois mois et d'imposer au breveté retardataire une amende égale au cinquième de la taxe annuelle (avec avis préalable du Ministre du Commerce).

Je vous demanderai en outre de porter à trois ans, ainsi que le fait le Syndicat des Inventeurs, le délai en dedans duquel le breveté devra sous peine de déchéance, mettre sa création en exploitation, et ce en raison du vote de la loi imposant à tous le service militaire pendant trois ans.

Si vous adoptez ces propositions, il y aura lieu de modifier dans le sens ci-après indiqué le premier paragraphe de l'article 32.

ART. 32. — *Sera déchu de tous ses droits : le breveté qui après avertissement préalable, n'aura pas acquitté avant l'expiration des trois mois qui suivront l'échéance, outre l'annuité exigible, une somme égale au cinquième de cette annuité à titre d'amende. Le délai prévu au deuxième paragraphe de cet article, pour la mise en exploitation de la découverte ou de l'invention, sera porté de deux à trois ans.*

ART. 33. (Loi de 1844). « Quiconque dans des enseignes,
« annonces, prospectus, affiches, marques ou estampilles,
« prendra la qualité de breveté, sans posséder un brevet déli-
« vré conformément aux lois, ou après l'expiration d'un brevet
« antérieur, ou qui, étant breveté, mentionnera sa qualité de
« breveté ou son brevet sans y ajouter ces mots, *sans garantie*
« *du gouvernement*, sera puni d'une amende de cinquante
« francs à mille francs.

« En cas de récidive, l'amende pourra être portée au
« double. »

Cet article doit être conservé. Le projet du Syndicat ne contient aucune disposition identique.

Dans l'article 19, le dernier de cette partie de son projet de loi relative aux nullités et déchéances, le Syndicat des Inventeurs impose au breveté l'obligation de mentionner sur les objets qu'il vendra le mot *brevet* et le numéro du brevet.

Cette mention a pour but de prévenir le fait de la contrefaçon involontaire, qui pourrait être commise au cas ou des objets brevetés ne porteraient pas de signes qui l'indiquât.

Mais pour que ses effets fussent complets, il faudrait que la non-exécution de cette prescription devint une cause de déchéance, toutes les fois qu'il sera bien établi que la nature et les dimensions de l'objet breveté permettaient d'y appliquer cette mention.

La disposition proposée par le Syndicat des Inventeurs pouvant présenter quelques avantages, il conviendrait, en en demandant l'insertion dans la loi, de demander, en même temps qu'elle fut suivie d'une clause relative à la déchéance en cas d'inobservation, et que le mot brevet fut suivi de la mention en abrégé *sans garantie du gouvernement* prescrite par l'article 33 de la loi de 1844.

## SECTION II.

### *Des actions en nullité et en déchéance.*

Le Syndicat des inventeurs introduit en tête de cette partie de la loi dans les articles 20 et 21 deux dispositions entièrement nouvelles.

L'article 20 porte que « toute action relative aux brevets constituant la propriété industrielle devra être précédée d'une mise en demeure, puis d'une citation en conciliation.

« L'affaire viendra en référé pour qu'il soit désigné trois experts. Les experts auront pour mission de concilier les parties ou à défaut, de déposer un rapport sous les trois mois sous peine d'amende. »

Je considère l'idée de tenter une conciliation entre les parties avant que l'instance en contrefaçon s'engage, comme une idée heureuse qui pourra éviter dans certains cas, des procès toujours longs et coûteux.

Mais, la citation en conciliation arrivant après la mise en demeure restée sans effet, n'est qu'une espèce de contradiction ; il est bien évident que si la mise en demeure, qui n'est en résumé qu'une invitation à rentrer dans les limites de la loi et du droit, reste sans effet, les tentatives de conciliation n'ont pas de raison de se produire, elles échoueront également.

Je considère en outre, que la menace d'une amende que les experts seront exposés à encourir, si leur rapport n'est pas déposé dans les trois mois, aura pour principal effet d'augmenter les difficultés déjà très grandes, que rencontrent les tribunaux, pour faire accepter par des hommes compétents et dans des conditions d'indépendance suffisantes, la mission d'expert.

Je vous proposerai donc d'adopter cet article du projet du Syndicat des inventeurs, mais en supprimant :

1° la formalité de la mise en demeure préalable ;

2° la peine de l'amende à infliger aux experts.

Si le dépôt du rapport n'est pas effectué dans les trois mois, le Président du Tribunal devra s'il le juge utile ou si la demande lui en est faite par l'une des parties intéressées désigner d'autres experts.

L'article 21 du projet du Syndicat des Inventeurs porte que : « la renonciation à la fabrication des objets ou moyens contrefaits détruira toute contrefaçon volontaire ; il n'y aura pas de délit et il ne pourra être demandé que des dommages-intérêts.

« La persistance à continuer la fabrication après ces premières formalités, constitue au contraire le délit de contrefaçon volontaire. »

Je vous propose, Messieurs, de repousser l'admission de la première de ces dispositions.

Il est évident que, déclarer que la renonciation à la fabrication des objets ou moyens contrefaits suffit pour détruire toute contrefaçon volontaire, c'est annihiler d'une façon presque complète les effets de la protection dont le breveté doit être couvert.

La contrefaçon, pour les gens peu scrupuleux, serait alors assimilée à une opération commerciale quelconque, dont on pourra supputer les chances bonnes ou mauvaises avant de l'entreprendre.

J'ajouterai que l'instance en contrefaçon ne devant s'engager qu'après une tentative de conciliation suivie d'un rapport d'experts, la nature et le caractère de la contrefaçon apparaîtront évidemment au cours des explications que cette tentat iveprovoquera.

Le contrefacteur inconscient ne sera donc pas exposé à être poursuivi devant la police correctionnelle, il ne restera plus que l'action civile en réparation du préjudice causé qui pourra lui être intentée.

Je considère donc que cet article ne doit pas figurer dans la loi.

Les articles suivants 22, 23, 24, 25, 26 et 27 du projet du Syndicat des Inventeurs ne sont que la reproduction presque exacte des articles 34, 35, 36, 37, 38 et 39 de la loi de 1844, auxquels il n'y a lieu d'apporter aucun changement. Ces articles énumèrent les conditions dans lesquelles les actions en nullité et en déchéance pourront être intentées et les formes dans lesquelles elles seront soumises aux tribunaux et jugées.

# TITRE V.

Le projet du Syndicat des Inventeurs reproduit presque fidèlement dans ses articles 28, 29, 31, 32, 34, 35 et 36 les dispositions contenues dans les articles 40, 41, 42, 43, 44, 45, 46, 47, 48 et 49 formant l'ensemble du titre V.

Le Syndicat considère pourtant comme une innovation d'une grande importance, l'adjonction sous le n° 30 d'un article portant que la peine (infligée en cas de contrefaçon volontaire) sera appliquée aux directeurs, administrateurs, ingénieurs ou employés de sociétés anonymes qui auront ordonné ou dirigé la contrefaçon.

Le Syndicat des Inventeurs a certainement oublié que dans les sociétés anonymes, les directeurs, les administrateurs et les ingénieurs sont parfaitement responsables de leurs actes, non seulement devant les actionnaires de la Société, mais aussi devant la loi, et qu'en matière de contrefaçon ils n'échappent pas plus que d'autres aux conséquences de leur gestion et de leur administration. Il n'y a donc pas lieu d'ajouter cette disposition à la loi.

Dans l'article 33 de ce projet, le Syndicat ajoute que le tribunal correctionnel, saisi d'une action pour délit de contrefaçon ne pourra statuer sur la pénalité qu'après jugement du tribunal civil sur le fond.

Je considère cette adjonction comme tout à fait inutile. La contrefaçon en matière correctionnelle ne peut pas se présumer, il faut qu'elle soit nettement établie, et pour l'établir il faut que l'affaire soit jugée au fond par le Tribunal compétent, c'est-à-dire par le Tribunal civil.

Le titre VI et dernier n'a trait qu'aux dispositions particulières et transitoires.

Il fait l'objet dans la loi de 1844 des articles 50, 51, 52, 53 et 54. Les dispositions qu'ils renferment sont très explicites, elles doivent être conservées en y ajoutant seulement les parties nécessaires à les compléter, si une nouvelle loi était promulguée.

Le titre VI du projet du projet du Syndicat se compose d'un seul article tout à fait insuffisant.

# CONCLUSIONS

Il ne me reste plus, Messieurs, qu'à réunir en les dégageant des considérations qui les accompagnent, les différentes propositions que je viens de développer devant vous.

Elles se résument ainsi :

*(Loi du 5 Juillet 1844.)*

## TITRE PREMIER.

### DISPOSITIONS GÉNÉRALES.

Art. 1, 2 et 3, à conserver sans changement.

Art. 4, porter à vingt ans, la durée des brevets d'invention.

Supprimer les catégories de brevets de cinq et dix ans, absolument inutiles dans la pratique.

Adopter le principe de la taxe annuelle et progressive : la fixer comme suit :

> Première année, 25 francs ;
> Deuxième année, 50 francs ;
> Troisième année, 75 francs ;

Et 100 fr. pour chacune des autres années.

Modifier comme suit, le dernier alinéa de cet article :

La taxe sera payée par annuités avant le commencement de chacune des années de la durée du brevet.

Les brevetés pourront se libérer par anticipation de la totalité des taxes, restant à échoir.

Excepté pour la première annuité, le payement de la taxe pourra être fait par lettre chargée, en y ajoutant le montant des frais de timbre et d'accusé de réception fixés à la somme de.....

Supprimer au dernier alinéa de cet article, la mention relative à la déchéance en cas de non-payement de l'annuité, qui fait l'objet du premier paragraphe de l'article 32, titre IV, concernant les nullités et déchéances.

## TITRE II.

### DES FORMALITÉS RELATIVES A LA DÉLIVRANCE DES BREVETS.

#### SECTION PREMIÈRE.
*Des demandes de Brevets.*

Art. 5, 6. 7 et 8, à conserver en mettant les dispositions de l'article 6, relatives à la durée des brevets, et celles de l'article 7 concernant le montant de la taxe, en concordance avec les modifications à apporter à l'article 4.

#### SECTION II.
*De la délivrance des Brevets.*

Art. 9, 10, 11, 12 et 13, à conserver sans changement.

Art. 14. — Réduire à un mois le délai relatif à la publication des brevets et prescrire leur insertion, non seulement au *Bulletin des Lois*, mais aussi au *Moniteur officiel de la Propriété industrielle.*

ART. 15. — Ajouter à cet article l'énumération des formalités à remplir pour obtenir la présentation aux Chambres des projets de loi relatifs à la prorogation des brevets.

## SECTION III.

### Des Certificats d'addition.

ART. 16. — Conserver les dispositions de cet article en abaissant le taux du certificat d'addition au cinquième de la taxe annuelle du brevet.

ART. 17, à conserver en supprimant les catégories de durée de cinq à dix années.

ART. 18. — Conserver intégralement le premier alinéa; mais reporter à la deuxième année du brevet, l'application des dispositions contenues dans les deuxième, troisième et quatrième alinéas, qui forment le complément de cet article.

ART. 19, à conserver sans changement.

## SECTION IV.

### De la Transmission et de la Cession des Brevets.

ART. 20. — Conserver toutes les dispositions de cet article, sauf la dernière partie du deuxième alinéa, imposant en cas de cession, le paiement de la totalité de la taxe et mentionner que le cessionnaire sera purement et simplement substitué, quant aux droits et obligations, au cédant.

ART. 21, à conserver en le mettant en concordance avec l'article 14 en ce qui touche le délai et les moyens de publicité des brevets.

ART. 22. — Conserver intégralement le premier alinéa, mais ramener dans le second, le coût des expéditions des certificats d'addition au cinquième de la taxe du brevet primitif fixée par l'article 16.

## Section V.

*De la Communication et de la Publication des descriptions et des dessins des Brevets.*

Art. 23, 24, 25 et 26, à conserver sans changement.

—

## TITRE III.

### DES DROITS DES ÉTRANGERS.

Art. 27, 28 et 29, à conserver sans changement.

—

## TITRE IV.

### DES NULLITÉS ET DÉCHÉANCES, DES ACTIONS Y RELATIVES

—

### Section première.

*Des nullités et déchéances.*

Art. 30 et 31, à conserver sans changement.

Art. 32, à conserver, mais en modifiant :

1° le premier paragraphe dans le sens de la rédaction suivante :

« Sera déchu de tous ses droits, le breveté qui, après aver-
« tissement préalable, n'aura pas acquitté avant l'expiration
« des trois mois qui suivront l'échéance, outre l'annuité échue,
« une somme égale au cinquième de cette annuité, à titre
« d'amende. »

2° En portant de deux à trois ans, (et ce en raison de la durée du service militaire obligatoire pour tous), le délai prévu au deuxième paragraphe pour la mise en exploitation du produit breveté.

ART. 33, à conserver sans changement.

Ajouter à la fin de la section 1<sup>re</sup> du titre IV, l'article 19 du projet du Syndicat ainsi conçu :

« Le déposant devra mentionner sur les objets qu'il vendra « le mot *brevet* (suivi de la mention S. G. D. G.) et le numéro « du brevet » ; et faire suivre cette disposition d'un alinéa portant qu'en cas d'inobservation de cette prescription, le breveté sera déchu de tous ses droits à l'égard des contrefacteurs.

## SECTION II.

### *Des actions en nullité et en déchéance.*

ART. 34. — Ajouter à cet article que : « Toute action rela- « tive aux brevets constituant la propriété industrielle devra « être précédée d'une citation en conciliation.

« A cette fin, l'affaire viendra en référé devant le président « du Tribunal civil qui doit en connaître, pour qu'il soit dési- « gné trois experts.

« Les experts auront pour mission, de concilier les parties « ou à défaut de déposer un rapport dans les trois mois qui « suivront.

« Au cas où les experts n'auraient pas déposé leur rapport « dans ledit délai, il sera, sur la demande de l'une des par- « ties, ou si le Président du Tribunal civil le juge utile, « pourvu à la nomination de trois autres experts. »

ART. 35, 36, 37, 38 et 39, à conserver sans changement.

— 

## TITRE V.

### DE LA CONTREFAÇON DES POURSUITES ET DES PEINES.

Conserver sans changement les articles 40 à 49 inclus qui composent ce titre V.

## TITRE VI.

DISPOSITIONS PARTICULIÈRES ET TRANSITOIRES.

ART 50 à 54 inclus, n'apporter à ces articles d'autres changements que ceux nécessaires pour assurer l'exécution des dispositions nouvelles, en sauvegardant les droits acquis des intéressés.

Eugène GALLET.

---

La Chambre, après avoir examiné successivement chacun des articles de ce rapport, et après en avoir délibéré, y donne à l'unanimité son approbation ; elle décide qu'il sera imprimé et envoyé à M. le Ministre du Commerce et de l'Industrie, à M. le Ministre de la Justice, à MM. les Sénateurs et Députés du Département, aux Chambres de Commerce et aux Chambres Consultatives des Arts et Manufactures.

M. le Président fait ressortir à quel travail considérable s'est livré M. le rapporteur, qui ne s'est pas contenté d'examiner chacun des articles du projet de loi, mais a fait une étude comparative sérieuse de la loi du 5 juillet 1844 avec les législations des pays étrangers sur la même matière; il propose de lui voter des remerciements et des félicitations avec inscription au procès-verbal.

Cette proposition est adoptée avec empressement et à l'unanimité.

Pour copie conforme :

*Le Président de la Chambre,*

Charles LABBÉ.

---

# TEXTE

_De la loi du 5 juillet_ 1844

ET

_du projet de loi proposé par le Syndicat des Inventeurs_
_de France._

---

| Loi de 1844. | Projet de Loi. |
|---|---|
| TITRE PREMIER | TITRE PREMIER |
| _Dispositions générales_ | _Dispositions générales_ |

ART. 1er. Toute nouvelle découverte ou invention dans tous les genres d'industrie confère à son auteur, sous les conditions et pour le temps ci-après déterminés, le droit exclusif d'exploiter à son profit ladite découverte ou invention.

Ce droit est constaté par des titres délivrés par le Gouvernement, sous le nom de _brevets d'invention._

ART. 2. Seront considérées comme inventions ou découvertes nouvelles:

L'invention de nouveaux produits industriels ;

L'invention de nouveaux moyens ou l'application nouvelle de moyens connus pour l'obtention d'un résultat ou d'un produit industriel.

ART. 3. Ne sont pas susceptibles d'être brevetés ;

1° Les compositions pharmaceutiques ou remèdes de toute espèce, lesdits objets demeurant soumis aux lois et règlements spéciaux sur la matière, et notamment au décret du 18 août 1810, relatifs aux remèdes secrets;

2° Les plans et combinaisons de crédit ou de finances.

ART. 4. La durée des brevets sera de cinq, dix ou quinze années.

Chaque brevet donnera lieu au payement d'une taxe, qui est fixée ainsi qu'il suit savoir :

ART. 1er. La création en matière industrielle appartient à son auteur. Elle est protégée comme la création en matière artistique, sauf les modifications indiquées ci-après :

ART. 2. La création industrielle consiste à faire, en industrie, ce qui ne s'y est pas fait.

Elle est constatée authentiquement par un dépôt fait dans les formes ci-après indiquées, pour lequel le Gouvernement donne _un brevet de priorité._

ART. 3. — Le brevet de priorité donne lieu à une taxe de vingt-cinq francs par an.

Le brevet de priorité constitue un titre authentique de propriété dont

| Loi de 1844. | Projet de Loi. |
|---|---|
| Cinq cents francs, pour un brevet de cinq ans ;<br>Mille francs pour un brevet de dix ans ;<br>Quinze cents francs pour un brevet de quinze ans.<br>Cette taxe sera payée par annuités de cent francs, sous peine de déchéance si le breveté laisse écouler un terme sans l'acquitter. | la durée est réglée comme celle de la propriété artistique.<br>ART. 4. Cette propriété est soumise, après une durée de quinze ans, à l'expropriation pour cause d'utilité publique reconnue par une loi. L'Etat, les Chambres de Commerce, les Syndicats industriels peuvent provoquer cette loi, en faisant offre réelle des frais d'expropriation. |

TITRE II

*Des formalités relatives à la délivrance des brevets*

SECTION PREMIÈRE

*Des demandes de brevets*

ART. 5. Quiconque voudra prendre un brevet d'invention devra déposer, sous cachet, au secrétariat de la préfecture, dans le département où il est domicilié, ou dans tout autre département, en y élisant domicile :

1° Sa demande au Ministre de l'agriculture et du commerce;

2° Une description de la découverte, invention ou application faisant l'objet du brevet demandé;

3° Les dessins ou échantillons qui seraient nécessaires pour l'intelligence de la description;

Et 4° un bordereau des pièces déposées.

ART. 6. La demande sera limitée à un seul objet principal, avec les objets de détail qui le constituent, et les applications qui auront été indiquées.

Elle mentionnera la durée que les demandeurs entendent assigner à leur brevet dans les limites fixées par l'art. 4, et ne contiendra ni restrictions, ni conditions, ni réserves.

TITRE II

SECTION PREMIÈRE

*Des demandes de brevets de priorité*

ART. 5. Pour effectuer un dépôt de brevet de priorité, il faudra adresser, par lettre spécialement chargée, au Ministre du commerce :

1° Une demande de brevet ;

2° La description de l'objet du brevet ;

3° Les dessins pour compléter la description, s'il y a lieu.

(La description et les dessins devront être déposés en triple exemplaire).

4° Un bordereau des pièces.

ART. 6. La demande ne devra comprendre rigoureusement qu'un objet avec indication du titre.

La description sera écrite en français. Les dessins seront faits à l'encre noire, par tous procédés.

Toutes les pièces seront signées par le demandeur ou par un mandataire dont le pouvoir restera annexé à la demande.

| Loi de 1844. | Projet de Loi. |
|---|---|

Elle indiquera un titre renfermant la désignation sommaire et précise de l'objet de l'invention.

La description ne pourra être écrite en langue étrangère. Elle devra être sans altération ni surcharge. Les mots rayés comme nuls seront comptés et constatés, les pages et les renvois paraphés. Elle ne devra contenir aucune dénomination de poids ou de mesures autre que celles qui sont portées au tableau annexé à la loi du 4 juillet 1837.

Les dessins seront tracés à l'encre et d'après une échelle métrique.

Un duplicata de la description et des dessins sera joint à la demande.

Toutes les pièces seront signées par le demandeur ou par un mandataire, dont le pouvoir restera annexé à la demande.

ART. 7. Aucun dépôt ne sera reçu que sur la production d'un récépissé constatant le versement d'une somme de cent francs à valoir sur le montant de la taxe du brevet.

Un procès-verbal, dressé sans frais par le secrétaire général de la préfecture, sur un registre à ce destiné, et signé par le demandeur, constatera chaque dépôt, en énonçant le jour et l'heure de la remise des pièces.

Une expédition dudit procès-verbal sera remise au déposant, moyennant le remboursement des frais de timbre.

ART. 8. La durée du brevet courra du jour du dépôt prescrit par l'art. 5.

ART. 7. Le dépôt ne sera reçu que contre le versement de la première taxe de vingt-cinq francs et les frais de chargement.

Le récépissé provisoire qui sera délivré par le bureau de poste, indiquera le jour et l'heure du dépôt et l'objet de la demande. Le brevet courra du jour du dépôt.

SECTION II

*De la délivrance des brevets*

ART. 9. Aussitôt après l'enregistrement des demandes et dans les cinq jours de la date du dépôt, les préfets transmettront les pièces, sous le cachet de l'inventeur, au Ministre de l'agriculture et du commerce, en

SECTION II

*Délivrance des brevets*

ART. 8. La demande sera transmise par la poste au Ministre du commerce, qui en accusera réception au déposant avec indication du numéro d'ordre donné, dans les huit jours de la réception.

| Loi de 1844. | Projet de Loi. |
|---|---|

y joignant une copie certifiée du procès-verbal du dépôt, le récépissé constatant le versement de la taxe, et, s'il y a lieu, le pouvoir mentionné dans l'art. 6

ART. 10. A l'arrivée des pièces au ministère de l'agriculture et du commerce, il sera procédé à l'ouverture, à l'enregistrement des demandes et à l'expédition des brevets, dans l'ordre de la réception desdites demandes.

ART 11. Les brevets dont la demande aura été régulièrement formée seront délivrés, sans examen préalable, aux risques et périls des demandeurs, et sans garantie, soit de la réalité de la nouveauté ou du mérite de l'invention, soit de la fidélité ou de l'exactitude de la description.

Un arrêté du Ministre, constatant la régularité de la demande, sera délivré au demandeur, et constituera le brevet d'invention.

A cet arrêté sera joint le duplicata certifié de la description et des dessins, mentionné dans l'art. 6, après que la conformité avec l'expédition originale en aura été reconnue et établie au besoin.

La première expédition des brevets sera délivrée sans frais.

Toute expédition ultérieure, demandée par le breveté ou ses ayants cause, donnera lieu au payement d'une taxe de vingt-cinq francs.

Les frais de dessin, s'il y a lieu, demeureront à la charge de l'impétrant.

ART. 12. Toute demande dans laquelle n'auraient pas été observées les formalités prescrites par les nᵒˢ 2 et 3 de l'art. 5, et par l'art. 6, sera rejetée. La moitié de la somme versée restera acquise au Trésor, mais il sera tenu compte de la totalité de cette somme au demandeur s'il reproduit sa demande dans un délai de trois mois, à compter de la date

Le brevet restera secret pendant six mois, et le public ne connaîtra pendant ce temps que le nom du déposant et le titre du brevet. Au bout de ce temps, le breveté pourra corriger la rédaction de son brevet, mais sans en changer ni le titre, ni l'objet.

Il pourra annuler, pendant ces six mois, sa demande et, en pareil cas, les pièces lui seront rendues cachetées, ainsi que la taxe, moins cinq francs.

ART. 9. Chaque semaine, le Ministre publiera les noms des déposants et les titres des brevets.

ART. 10. Au bout de six mois, les dépôts seront ouverts et vérifiés. Si le brevet comprend plusieurs objets, le déposant devra diviser sa demande, payer autant de taxes qu'il y a d'objets divers, plus une amende de dix francs pour chaque dépôt supplémentaire.

Il sera procédé de même, avec amende de dix francs, s'il y a inexac-

| Loi de 1844. | Projet de Loi. |
|---|---|

de la notification du rejet de sa requête.

ART. 13. Lorsque, par application de l'art. 3, il n'y aura pas lieu à délivrer un brevet, la taxe sera restituée.

ART. 14. Une ordonnance royale, insérée au Bulletin des Lois, proclamera tous les trois mois les brevets délivrés.

ART. 15. La durée des brevets ne pourra être prolongée que par une loi.

titude dans le litre ou dans les pièces.

ART. 11. Les brevets seront alors rendus publics et imprimés en entier. Les imprimés des brevets seront vendus au public par l'Imprimerie nationale, séparément

ART. 12. L'Etat reçoit en garde les brevets, mais n'en garantit pas la valeur.

SECTION III

*Des certificats d'addition*

ART. 16. Le breveté ou les ayants droit au brevet auront, pendant toute la durée du brevet, le droit d'apporter à l'invention des changements, perfectionnements ou additions, en remplissant, pour le dépôt de la demande, les formalités déterminées par les articles 5, 6 et 7.

Ces changements, perfectionnements ou additions seront constatés par des certificats délivrés dans la même forme que le brevet principal, et qui produiront, à partir des dates respectives, des demandes de leur expédition, les mêmes effets que ledit brevet principal, avec lequel ils prendront fin.

Chaque demande de certificat d'addition donnera lieu au payement d'une taxe de vingt francs.

Les certificats d'addition, pris par un des ayants droit, profiteront à tous les autres.

ART. 17. Tout breveté qui, pour un changement, perfectionnement ou addition, voudra prendre un brevet principal de cinq, dix ou quinze années, au lieu d'un certificat d'addition expirant avec le brevet primitif, devra remplir les formalités prescrites par les articles 5, 6 et 7, et acquitter la taxe mentionnée dans l'article 4.

SECTION III

*Des perfectionnements*

ART. 13. Tout breveté pourra seul prendre, pendant un an, un ou plusieurs brevets de perfectionnement.

Ces brevets prendront date du brevet premier, mais en seront distincts et paieront la taxe de vingt-cinq francs par an.

| Loi de 1844. | Projet de Loi. |
|---|---|

Art. 18. Nul autre que le breveté ou ses ayants droit, agissant comme il est dit ci-dessus, ne pourra, pendant une année, prendre valablement un brevet pour un changement, perfectionnement ou addition à l'invention qui fait l'objet du brevet primitif.

Néanmoins, toute personne qui voudra prendre un brevet pour changement, addition ou perfectionnement à une découverte déjà brevetée pourra, dans le cours de ladite année, former une demande qui sera transmise et restera déposée sous cachet au ministère de l'agriculture et du commerce.

L'année expirée, le cachet sera brisé et le brevet délivré.

Toutefois, le breveté principal aura la préférence pour les changements, perfectionnements et additions pour lesquels il aurait lui-même, pendant l'année, demandé un certificat d'addition ou un brevet.

Art. 19. Quiconque aura pris un brevet pour une découverte, invention ou application se rattachant à l'objet d'un autre brevet, n'aura aucun droit d'exploiter l'invention déjà brevetée, et réciproquement le titulaire du brevet primitif ne pourra exploiter l'invention, objet du nouveau brevet.

SECTION IV

*De la transmission et de la cession des brevets*

Art. 20. Tout breveté pourra céder la totalité ou partie de la propriété de son brevet.

La cession totale ou partielle d'un brevet, soit à titre gratuit, soit à titre onéreux, ne pourra être faite que par acte notarié et après le payement de la totalité de la taxe déterminée par l'art. 4.

Aucune cession ne sera valable, à

SECTION IV

*De la cession des brevets*

Art. 14. Tout déposant pourra céder la totalité ou une partie de son brevet ; toute cession totale ou partielle, toute licence d'exploitation devront être enregistrées au droit fixe.

La copie de l'acte sera adressée par l'enregistrement au ministre du commerce qui en tiendra note et publiera les cessions ainsi faites.

| Loi de 1844. | Projet de Loi. |
|---|---|

l'égard des tiers, qu'après avoir été enregistrée au secrétariat de la préfecture du département dans lequel l'acte aura été passé.

L'enregistrement des cessions et de tous autres actes emportant mutation sera fait sur la production et le dépôt d'un extrait authentique de l'acte de cession ou de mutation.

Une expédition de chaque procès-verbal d'enregistrement, accompagné de l'extrait de l'acte ci-dessus mentionné, sera transmise, par les préfets, au ministre de l'agriculture et du commerce, dans les cinq jours de la date du procès-verbal.

ART. 21. Il sera tenu au Ministère de l'agriculture et du commerce, un registre sur lequel seront inscrites les mutations intervenues sur chaque brevet, et tous les trois mois une ordonnance royale proclamera, dans la forme déterminée par l'art. 14, les mutations enregistrées pendant le trimestre expiré.

ART. 22. Les cessionnaires d'un brevet et ceux qui auront acquis d'un breveté ou de ses ayants droit la faculté d'exploiter la découverte ou l'invention, profiteront de plein droit des certificats d'addition qui seront ultérieurement délivrés au breveté ou à ses ayants droit. Réciproquement le breveté ou les ayants droit profiteront des certificats d'addition qui seront ultérieurement délivrés aux concessionnaires.

Tous ceux qui auront droit de profiter des certificats d'addition pourront en lever une expédition au ministère de l'agriculture et du commerce, moyennant un droit de vingt francs.

4

| Loi de 1844. | Projet de Loi. |
|---|---|

SECTION V

*De la communication et de la publication des descriptions et dessins de brevets.*

ART. 23. Les descriptions, dessins, échantillons et modèles de brevets délivrés resteront, jusqu'à l'expiration des brevets déposés au ministère de l'agriculture et du commerce, où ils seront communiqués sans frais à toute réquisition.

Toute personne pourra obtenir, à ses frais, copie desdites descriptions et dessins, suivant les formes qui seront déterminées dans le règlement rendu en exécution de l'art. 50.

ART. 24. Après le payement de la deuxième annuité, les descriptions et dessins seront publiés, soit textuellement, soit par extrait.

Il sera, en outre, publié, au commencement de chaque année, un catalogue, contenant les titres des brevets délivrés dans le courant de l'année précédente.

ART. 25. Le recueil des descriptions et dessins, et le catalogue publiés en exécution de l'article précédent, seront déposés au ministère de l'agriculture et du commerce, et au secrétariat de la préfecture de chaque département, où ils pourront être consultés sans frais.

ART. 26. A l'expiration des brevets, les originaux des descriptions et dessins seront déposés au Conservatoire royal des arts et métiers.

SECTION V

*Conservation, description des brevets*

ART. 15. Les originaux des descriptions et des dessins, seront déposés, l'un au ministère du commerce, l'autre à l'Imprimerie Nationale et le troisième sera rendu, visé par le ministre du commerce, au déposant pour constituer son titre définitif.

L'État imprime les brevets à ses frais, jusqu'à concurrence de quatre pages seulement et une planche. Le surplus sera payé par le breveté.

Les imprimés des brevets seront envoyés aux préfectures.

Il sera tenu au ministère du commerce un registre sur lequel seront inscrits les numéros des brevets, leurs titres, leurs dates de dépôt et de délivrance, le nom de l'inventeur, la date des versements de taxe et de mutations. Ce registre sera public.

Les imprimés des brevets, mais non les originaux, seront communiqués au public.

TITRE III

*Des droits des étrangers*

ART. 27. Les étrangers pourront obtenir en France des brevets d'invention.

ART. 28. Les formalités et conditions déterminées par la présente loi seront applicables aux brevets de-

TITRE III

ART. 16. Les étrangers peuvent prendre en France des brevets aux mêmes conditions que les nationaux.

| Loi de 1844. | Projet de Loi. |
|---|---|

mandés ou délivrés en exécution de l'article précédent.

ART. 29. L'auteur d'une invention ou découverte déjà brevetée à l'étranger pourra obtenir un brevet en France ; mais la durée de ce brevet ne pourra excéder celle des brevets antérieurement pris à l'étranger.

TITRE IV

*Des nullités et déchéances, des actions y relatives*

SECTION PREMIÈRE

*Des nullités et déchéances*

ART. 30. Seront nuls et de nul effet les brevets délivrés dans les cas suivants, savoir :

1° Si la découverte, invention ou application n'est pas nouvelle ;

2° Si la découverte, invention ou application n'est pas, aux termes de l'art. 3, susceptible d'être brevetée ;

3° Si les brevets portent sur des principes, méthodes, systèmes, découvertes et conceptions théoriques ou purement scientifiques dont on n'a pas indiqué les applications industrielles ;

4° Si la découverte, invention ou application, est reconnue contraire à l'ordre ou à la sûreté publique, aux bonnes mœurs ou aux lois du royaume, sans préjudice, dans ce cas et dans celui du paragraphe précédent, des peines qui pourraient être encourues pour la fabrication ou le débit d'objets prohibés ;

5° Si le titre sous lequel le brevet a été demandé indique frauduleusement un objet autre que le véritable objet de l'invention ;

6° Si la description jointe au brevet n'est pas suffisante pour l'exécution de l'invention, ou si elle n'indique pas, d'une manière complète et loyale, les véritables moyens de l'inventeur ;

TITRE IV

SECTION PREMIÈRE

*Des nullités et déchéances*

ART. 17. Seront de nul effet les brevets délivrés : si on leur oppose une antériorité *certaine*, résultant soit d'un brevet français ou étranger, soit d'une publication dans un ouvrage ou un journal de France, ayant date certaine.

ART. 18. Sera déchu de ses droits :

1° Le breveté qui ne paiera pas sa taxe au commencement de chaque année.

Toutefois, cette déchéance pourra être évitée en payant la taxe avec amende de dix francs dans les trois mois qui suivront, ou, dans les trois mois après, avec amende de vingt francs.

2° Le breveté qui n'aura pas mis en exploitation sa création dans le délai de trois ans, à moins qu'il ne justifie des causes de son inaction.

3° Le breveté qui aura introduit en France des objets fabriqués en pays étranger et semblables à ceux qui sont garantis par son brevet.

ART. 19. Le déposant devra mentionner sur les objets qu'il vendra le mot *brevet* et le *numéro du brevet*.

4.

| Loi de 1844. | Projet de Loi. |
| --- | --- |

7° Si le brevet a été obtenu contrairement aux dispositions de l'art. 18.

Seront également nuls, et de nul effet, les certificats comprenant des changements, perfectionnements ou additions qui ne se rattacheraient pas au brevet principal.

ART. 31. Ne sera pas réputée nouvelle toute découverte, invention ou application qui, en France ou à l'étranger, et antérieurement à la date du dépôt de la demande, aura reçu une publicité suffisante pour pouvoir être exécutée.

ART. 32. Sera déchu de tous ses droits :

1° Le breveté qui n'aura pas acquitté son annuité avant le commencement de chacune des années de la durée de son brevet ;

2° Le breveté qui n'aura pas mis en exploitation sa découverte ou invention en France, dans le délai de deux ans, à dater du jour de la signature du brevet, ou qui aura cessé de l'exploiter pendant deux années consécutives, à moins que, dans l'un ou l'autre cas, il ne justifie des causes de son inaction ;

3° Le breveté qui aura introduit en France des objets fabriqués en pays étranger et semblables à ceux qui sont garantis par son brevet.

Sont exceptés des dispositions du précédent paragraphe les modèles de machines dont le Ministre de l'agriculture et du commerce pourra autoriser l'introduction dans le cas prévu par l'art. 29.

ART. 33. Quiconque, dans des enseignes, annonces, prospectus, affiches, marques ou estampilles, prendra la qualité de breveté sans posséder un brevet délivré conformément aux lois, ou après l'expiration d'un brevet antérieur, ou qui, étant breveté, mentionnera sa qualité de breveté ou son brevet sans y ajouter ces mots : *sans garantie du Gouvernement,*

| Loi de 1844. | Projet de Loi. |
|---|---|

sera puni d'une amende de cinquante francs à mille francs.

En cas de récidive, l'amende pourra être portée en double.

## SECTIOM II

*Des actions en nullité et en déchéance*

ART. 34. L'action en nullité et l'action en déchéance pourront être exercées par toute personne y ayant intérêt.

Ces actions, ainsi que toutes contestations relatives à la propriété des brevets, seront portées devant les tribunaux civils de première instance.

ART. 35 Si la demande est dirigée en même temps contre le titulaire du brevet et contre un ou plusieurs cessionnaires partiels, elle sera portée devant le tribunal du domicile du titulaire du brevet.

ART. 36. L'affaire sera instruite et jugée dans la forme prescrite pour les matières sommaires, par les art. 405 et suivant du Code de procédure civile. Elle sera communiquée au procureur du roi.

ART. 37. De toute instance tendant à faire prononcer la nullité ou la déchéance d'un brevet, le ministère public pourra se rendre partie intervenante et prendre des réquisitions pour faire prononcer la nullité ou la déchéance absolue du brevet.

Il pourra même se pourvoir directement par action principale pour faire prononcer la nullité, dans les cas prévus aux nos 2, 4 et 5 de l'article 30.

ART. 38. Dans les cas prévus par l'art. 37, tous les ayants droit au brevet dont les titres auront été enregistrés au ministère de l'agriculture et du commerce, conformément à l'art. 21, devront être mis en cause.

ART. 39. Lorsque la nullité ou la

## SECTION II

*Des actions en nullité, en déchéance et en contrefaçon*

ART. 20. Toute action relative aux brevets constituant la propriété industrielle devra être précédée d'une mise en demeure, puis d'une citation en conciliation.

L'affaire viendra en référés pour qu'il y soit désigné trois experts.

Les experts auront pour mission de concilier les parties ou, à défaut, de déposer un rapport dans les trois mois, sous peine d'amende.

ART. 21. La renonciation à la fabrication des objets ou moyens contrefaits détruira toute contrefaçon volontaire ; il n'y aura pas délit et il ne pourra être demandé que des dommages-intérêts.

La persistance à continuer la fabrication après ces premières formalités, constitue au contraire le délit de contrefaçon volontaire.

ART. 22. L'action en nullité et l'action en déchéance des brevets pourront être exercées par toute personne y ayant intérêt.

Ces actions, ainsi que toutes contestations relatives à la propriété des brevets, seront portées devant les tribunaux civils de première instance, une fois la tentative de conciliation épuisée.

ART. 23. Si la demande est dirigée en même temps contre le titulaire du brevet et contre un ou plusieurs cessionnaires partiels, elle sera portée devant le tribunal du domicile du titulaire du brevet.

ART. 24. L'affaire sera instruite et jugée dans la forme prescrite pour les matières sommaires, par les art.

| Loi de 1844. | Projet de Loi. |
|---|---|

déchéance absolue d'un brevet aura été prononcée par jugement ou arrêt ayant acquis force de chose jugée, il en sera donné avis au Ministre de l'agriculture et du commerce et la nullité ou la déchéance sera publiée dans la forme déterminée par l'art. 14 pour la proclamation des brevets.

403 et suivants du Code de procédure civile. Elle sera communiquée au procureur de la République.

Art. 25. Dans toute instance tendant à faire prononcer la nullité ou la déchéance d'un brevet, le ministère public pourra se rendre partie intervenante et prendre des réquisitions pour faire prononcer la nullité ou la déchéance absolue des brevets.

Art. 26. Dans les cas prévus par l'art. 37, tous les ayants droit au brevet, dont les titres auront été enregistrés au ministère du commerce, conformément à l'art. 14, devront être mis en cause.

Art. 27. Lorque la nullité ou la déchéance absolue d'un brevet aura été prononcée par jugement ou arrêt ayant acquis force de chose jugée, il en sera donné avis au ministre du commerce, et la nullité ou la déchéance sera publiée.

### TITRE V

*De la contrefaçon, des poursuites et des peines*

Art. 40. Toute atteinte portée aux droits du breveté, soit par la fabrication des produits, soit par l'emploi des moyens faisant l'objet de son brevet, constitue le délit de contrefaçon.

Ce délit sera puni d'une amende de cent à deux mille francs.

Art. 41. Ceux qui auront sciemment recélé, vendu ou exposé en vente, ou introduit sur le territoire français un ou plusieurs objets contrefaits, seront punis des mêmes peines que les contrefacteurs.

Art. 42. Dans le cas de récidive, il sera prononcé, outre l'amende portée aux art. 40 et 41, un emprisonnement d'un mois à six mois.

Il y a récidive lorsqu'il a été rendu

### TITRE V

*De la contrefaçon, des poursuites et des peines*

Art. 28. La contrefaçon volontaire est un délit puni d'une amende de 500 à 2,000 francs et de cinq jours à un mois de prison.

Art. 29. Ceux qui auront sciemment recélé, ou vendu, ou exposé en vente, ou introduit sur le territoire français un ou plusieurs objets contrefaits seront punis des mêmes peines que les contrefacteurs.

Art. 30. La peine sera appliquée aux directeurs, administrateurs, ingénieurs ou employés de sociétés anonymes qui auront ordonné ou dirigé la contrefaçon.

Art. 31. Dans le cas de récidive, il sera prononcé, outre l'amende portée aux art. 40 et 41, un emprisonnement d'un mois à six mois.

## Loi de 1844.

contre le prévenu, dans les cinq années antérieures, une première condamnation pour un des délits prévus par la présente loi.

Un emprisonnement d'un mois à six mois pourra aussi être prononcé, si le contrefacteur est un ouvrier ou un employé ayant travaillé dans les ateliers ou dans l'établissement du breveté, ou si le contrefacteur s'étant associé avec un ouvrier ou un employé du breveté, a eu connaissance, par ce dernier, des procédés décrits au brevet.

Dans ce dernier cas, l'ouvrier ou employé pourra être poursuivi comme complice.

Art. 44. L'art. 463 du Code pénal pourra être appliqué aux délits prévus par les dispositions qui précèdent.

Art. 45. L'action correctionnelle, pour l'application des peines ci-dessus ne pourra être exercée par le ministère public que sur la plainte de la partie lésée.

Art. 46. Le tribunal correctionnel, saisi d'une action pour délit de contrefaçon, statuera sur les exceptions qui seraient tirées par le prévenu, soit de la nullité ou de la déchéance du brevet ; soit des questions relatives à la propriété dudit brevet.

Art. 47 Les propriétaires de brevet pourront, en vertu d'une ordonnance du président du Tribunal de première instance, faire procéder, par tous huissiers, à la désignation et description détaillées, avec ou sans saisie, des objets prétendus contrefaits.

L'ordonnance sera rendue sur simple requête et sur la représentation du brevet ; elle contiendra, s'il y a lieu, la nomination d'un expert pour aider l'huissier dans sa description.

Lorsqu'il y aura lieu à la saisie, ladite ordonnance pourra imposer au requérant un cautionnement qu'il sera tenu de consigner avant d'y faire procéder.

## Projet de Loi.

Un emprisonnement d'un mois à six mois pourra aussi être prononcé, si le contrefacteur est un ouvrier ou un employé ayant travaillé dans les ateliers ou dans l'établissement du breveté, ou si le contrefacteur, s'étant associé avec un ouvrier ou un employé du breveté, a eu connaissance, par ce dernier, des procédés décrits au brevet.

Dans ce dernier cas, l'ouvrier ou employé pourra être poursuivi comme complice.

Art. 32. L'art. 463 du Code pénal pourra être appliqué aux délits prévus par les dispositions qui précèdent.

Art. 33. Le tribunal correctionnel, saisi d'une action pour délit de contrefaçon ne pourra statuer sur la pénalité qu'après jugement du tribunal civil sur le fond.

Art. 34. Les propriétaires de brevet pourront, en vertu d'une ordonnance du président du Tribunal de première instance, après la citation en conciliation, faire procéder, par tous huissiers, à la désignation et descriptions détaillées avec ou sans saisie, des objets prétendus contrefaits.

L'ordonnance sera rendue sur simple requête et sur la représentation du brevet ; elle contiendra, s'il y a lieu, la nomination d'un expert pour aider l'huissier dans sa description.

Lorsqu'il y aura lieu à la saisie, ladite ordonnance pourra imposer au requérant un cautionnement qu'il sera tenu de consigner avant d'y faire procéder.

Le cautionnement sera toujours imposé à l'étranger breveté qui requerra la saisie.

Il sera laissé copie au détenteur des objets décrits ou saisis, tant de l'ordonnance que de l'acte constatant le dépôt du cautionnement, le cas échéant ; le tout, à peine de nul-

| Loi de 1844. | Projet de Loi. |
|---|---|

Le cautionnement sera toujours imposé à l'étranger breveté qui requerra la saisie.

Il sera laissé copie au détenteur des objets décrits ou saisis, tant de l'ordonnance que de l'acte constatant le dépôt du cautionnement, le cas échéant ; le tout à peine de nullité et de dommages-intérêts contre l'huissier.

ART. 48. A défaut par le requérant de s'être pourvu, soit par la voie civile, soit par la voie correctionnelle dans le délai de huitaine, outre un jour par trois myriamètres de distance entre le lieu où se trouvent les objets saisis ou décrits, et le domicile du contrefacteur, recéleur, introducteur ou débitant, la saisie ou description sera nulle de plein droit, sans préjudices des dommages-intérêts qui pourront être réclamés, s'il y a lieu, dans la forme prescrite par l'art. 36.

ART. 49. La confiscation des objets reconnus contrefaits, et, le cas échéant, celle des instruments ou ustensiles destinés spécialement à leur fabrication, seront, même en cas d'acquittement, prononcées contre le contrefacteur, le recéleur, l'introducteur ou le débitant.

Les objets confisqués seront remis au propriétaire du brevet, sans préjudice de plus amples dommages-intérêts et de l'affiche du jugement, s'il y a lieu.

TITRE VI

*Dispositions particulières et transitoires*

ART. 50. Des ordonnances royales, portant règlement d'administration publique, arrêteront les dispositions nécessaires pour l'exécution de la présente loi, qui n'aura effet que trois mois après sa promulgation.

lité et de dommages-intérêts contre l'huissier.

ART. 35. A défaut par le requérant de s'être pourvu, soit par la voie civile, soit par la voie correctionnelle, dans le délai de huitaine, outre un jour par trois myriamètres de distance, entre le lieu où se trouvent les objets saisis ou décrits, et le domicile du contrefacteur, recéleur, introducteur ou débitant, la saisie ou description sera nulle de plein droit, sans préjudice des dommages-intérêts qui pourront être réclamés, s'il y a lieu, dans la forme prescrite par l'art. 36.

ART. 36. La confiscation des objets reconnus contrefaits, et, le cas échéant, celle des instruments ou ustensiles destinés spécialement à leur fabrication, seront même en cas d'acquittement, prononcées contre le contrefacteur, le recéleur, l'introducteur ou le débitant.

Les objets confisqués seront remis au propriétaire du brevet, sans préjudice de plus amples dommages-intérêts et de l'affiche du jugement, s'il y a lieu.

TITRE VI

*Dispositions transitoires*

ART. 37 Les brevets d'invention, en vigueur actuellement, pourront être transformés en brevets de priorité, ne payant plus qu'une taxe annuelle de vingt-cinq francs par an, et ils auront la durée fixée par la loi

| Loi de 1844. | Projet de Loi. |
|---|---|

Art. 51. Des ordonnances rendues dans la même forme pourront ré gler l'application de la présente loi dans les colonies, avec les modifications qui seront jugées nécessaires.

Art. 52. Seront abrogées, à compter du jour où la présente loi sera devenue exécutoire, les lois des 7 janvier et 25 mai 1791, celle du 20 septembre 1792, l'arrêté du 17 vendémiaire an VII, l'arrêté du 5 vendémiaire an IX, les décrets des 25 novembre 1806 et 25 janvier 1807, et toutes dispositions antérieures à la présente loi, relatives aux brevets d'invention, d'importation et de perfectionnement.

Art. 53. Les brevets d'invention, d'importation et de perfectionnement actuellement en exercice, délivrés conformément aux lois antérieures à la présente, ou prorogés par ordonnance royale, conserveront leur effet pendant tout le temps qui aura été assigné à leur durée.

Art. 54. Les procédures commencées avant la promulgation de la présente loi seront mises à fin, conformément aux lois antérieures.

Toute action, soit en contrefaçon, soit en nullité ou déchéance de brevet, non encore intentée, sera suivie conformément aux dispositions de la présente loi, alors, même qu'il s'agirait de brevets délivrés antérieurement.

nouvelle. Les anciennes additions pourront être converties en brevets de perfectionnements, payant la même taxe annuelle et ayant la durée de la loi nouvelle.

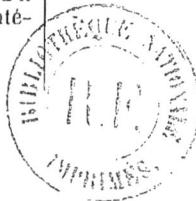

FIN.